Novena de Aguinaldos

la original

Arreglada a finales del siglo 19 por la
R. Madre María Ignacia,
religiosa de la Orden de la Enseñanza

Dedicada a la
R. Madre María Ignacia
(*Bertilda Samper Acosta,* 1856-1910). Religiosa, poeta y escritora bogotana, quien reformó y adaptó la novena de aguinaldos a las costumbres colombianas.

Novena de Aguinaldos – la original

ISBN: 978-958-49-7462-4

Publicado por
Sergio J. Liévano
Alfonso Sánchez Borrero

www.sergiojlievano.com

Novena de Aguinaldos

la original

Arreglada a finales del siglo 19 por la
R. Madre María Ignacia,
religiosa de la Orden de la Enseñanza

Recopilada y editada por
Sergio J. Liévano
Alfonso Sánchez Borrero

NO ME INTERESA SI HACE PARTE DEL ESPÍRITU NAVIDEÑO, AQUÍ TODOS VAMOS CON EL ESTÁNDAR BLANCO

Tabla de Contenido

MANUAL
LA NOVENA

Instrucciones

La Novena tradicional está dividida en siete partes. Cada día, desde el 16 al 24 de Diciembre, se sigue el orden siguiente, cambiando únicamente la lectura de la consideración del día correspondiente:

1. La Bendición

2. Oración para todos los días

3. Consideración para el día
1º, 2º, 3º, 4º, 5º, 6º, 7º, 8º y 9º

4. Oración a la Santísima Virgen

5. Oración a San José

6. Los gozos

7. Oración al Niño Jesús

8. Villancicos *(opcional)*

La Bendición

En el nombre del...

Padre...
...y del
Espíritu Santo...
...del Hijo...
Amén

Oración para Todos los Días

Benignísimo Dios de infinita caridad, que tanto amasteis a los hombres, que les disteis en vuestro Hijo la mejor prenda de vuestro amor para que hecho hombre en las entrañas de una Virgen, naciese en un pesebre para nuestra salud y remedio; yo, en nombre de todos los mortales, os doy infinitas gracias por tan soberano beneficio.

En retorno de él os ofrezco la pobreza, humildad y demás virtudes de vuestro Hijo humanado; suplicándoos por sus divinos méritos, por las incomodidades con que nació y por las tiernas lágrimas que derramó en su pesebre, que dispongáis nuestros corazones con humildad profunda, con amor encendido, con total desprecio de todo lo terreno, para que Jesús recién nacido tenga en ellos su cuna y more eternamente.

Amén

Gloria al Padre

Gloria al Padre, al Hijo, y al Espíritu Santo. Como era en el principio, ahora y siempre y por los siglos de los siglos. Amén

Consideración para el día primero (Dic. 16)

En el principio de los tiempos el Verbo reposaba en el seno de su Padre, en lo más alto de los cielos. Allí, era la causa y a la vez el modelo de toda creación.

En esas profundidades de una incalculable eternidad permanecía el Hijo de Dios antes que se dignase bajar a la Tierra y tomar visiblemente posesión de la gruta de Belén.

Allí es donde debemos buscar los principios, que jamás han comenzado. De allí debemos datar la genealogía del Eterno, que no tiene antepasados, y contemplar la vida de complacencia infinita que allí reinaba.

La vida del Verbo Eterno en el seno de su Padre era una vida maravillosa y sin embargo ¡misterio sublime! busca otra morada. Una mansión creada. No era porque en su mansión eterna faltase algo a su infinita felicidad, sino porque su misericordia infinita anhelaba la redención y la salvación del género humano que sin Él no podría verificarse. El pecado de Adán había ofendido a Dios, y esa ofensa infinita no podía ser perdonada sino por los méritos del mismo Dios.

La raza de Adán había desobedecido y merecido un castigo eterno. Era pues, necesario para salvar y satisfacer su culpa que Dios, sin dejar el cielo, tomase la forma del hombre sobre la Tierra y con la obediencia a los designios de su Padre, expiase aquella desobediencia, ingratitud y rebeldía. Por eso el Verbo Eterno, ardiendo en deseos de salvar al hombre, resolvió hacerse hombre también y así redimir al culpable.

Oración a la Santísima Virgen

Soberana María, que por vuestras grandes virtudes y especialmente por vuestra humildad, merecisteis que todo un Dios os escogiese por madre suya, os suplico que Vos misma preparéis mi alma, y la de todos los que en este tiempo hicieren esta novena, para el nacimiento espiritual de vuestro adorado Hijo.

¡Oh dulcísima madre!, comunicadme algo del profundo recogimiento y divina ternura con que aguardasteis Vos, para que nos hagáis menos indignos de verle, amarle y adorarle por toda la eternidad.

Amén

Ave María

Dios te salve, María, llena eres de gracia, el señor es contigo, Bendita tú eres entre todas las mujeres y bendito es el fruto que de tu vientre, Jesús.

Santa María, madre de Dios, ruega por nosotros pecadores, ahora, y en la hora de nuestra muerte. Amén

Gloria al Padre

Gloria al Padre, al Hijo, y al Espíritu Santo.
Como era en el principio, ahora y siempre y por los siglos de los siglos. Amén

Oración a San José

¡Oh Santísimo José!, esposo de María y padre putativo de Jesús, infinitas gracias doy a Dios porque os escogió para tan altos ministerios y os adornó con todos los dones proporcionados a tan excelente grandeza.

Os ruego, por el amor que tuvisteis al Divino Niño, me abracéis en fervorosos deseos de verle y recibirle sacramentalmente, mientras en su divina Esencia le vea y le goce en el Cielo.

Amén

Padre nuestro

Padre nuestro, que estas en los cielos, santificado sea tu nombre; venga a nosotros tu reino; hágase tu voluntad así en la tierra, como en el cielo. Danos hoy nuestro pan de cada día; perdona nuestras ofensas, como también nosotros perdonamos a los que nos ofenden; no nos dejes caer en la tentación, y líbranos del mal. Amén

Ave María

Dios te salve, María, llena de gracia, el señor es contigo, Bendita tú eres entre todas las mujeres y bendito es el fruto que de tu vientre, Jesús. Santa María, madre de Dios, ruega por nosotros pecadores, ahora, y en la hora de nuestra muerte. Amén

Gloria al Padre

Gloria al Padre, al Hijo, y al Espíritu Santo.
Como era en el principio, ahora y siempre y por los siglos de los siglos. Amén

Aspiraciones para la Venida del Niño Dios
(Los Gozos)

2 Versiones para cantar entre gozos:

Dulce Jesús mío
mi niño adorado.
¡Ven a nuestras almas!
¡Ven no tardes tanto!

Ven, ven, ven...
Ven a nuestras almas, Jesús,
Ven, ven, ven ven…
Ven a nuestras almas, Jesús.
Ven, ven a nuestras almas!
No tardes tanto, no tardes
tanto, Jesús, ven, ven!

Dulce Jesús mío
mi niño adorado.

¡Ven a nuestras almas!
¡Ven no tardes tanto!

¡Oh sapiencia suma
del Dios Soberano
Que al nivel de un niño
te hallas rebajado!
¡Oh divino infante
ven para enseñarnos
la prudencia que hace
verdaderos sabios!

¡Ven a nuestras almas!
¡Ven no tardes tanto!

¡Oh, Adonai potente que
Moisés hablando, de Israel al
pueblo diste los mandatos!
¡Ah, ven prontamente para
rescatarnos, y que un niño
débil muestre fuerte el brazo!

¡Ven a nuestras almas!
¡Ven no tardes tanto!
¡Oh raíz sagrada
de Jesé que en lo alto
presentas al orbe
tu fragante nardo!

¡Dulcísimo Niño
que has sido llamado
Lirio de los valles
bella flor del campo!

¡Ven a nuestras almas!
¡Ven no tardes tanto!

¡Llave de David
que abre al desterrado
las cerradas puertas
de regio palacio!
¡Sácanos, oh Niño,
con tu blanca mano
de la cárcel triste
que labró el pecado!

¡Ven a nuestras almas!
¡Ven no tardes tanto!

¡Oh lumbre de Oriente,
Sol de eternos rayos
que entre las tinieblas
tu esplendor veamos!
¡Niño tan precioso,
dicha del cristiano,
luzca la sonrisa
de tus dulces labios!

¡Ven a nuestras almas!
¡Ven no tardes tanto!

continúa...

¡Espejo sin mancha
santo de los santos,
sin igual imagen del
Dios soberano!
¡Borra nuestras culpas,
salva al desterrado
y en forma de niño,
da al mísero amparo!

¡Ven a nuestras almas!
¡Ven no tardes tanto!

Rey de las naciones
Emmanuel preclaro,
de Israel anhelo
Pastor del rebaño
Niño que apacientas
con suave cayado,
ya la oveja arisca,
ya el cordero manso

¡Ven a nuestras almas!
¡Ven no tardes tanto!

¡Ábranse los cielos
y llueva de lo alto
bienhechor rocío
como riego santo!
¡Ven hermoso niño!
¡Ven Dios humanado!
¡Luce, hermosa estrella,
brota flor del campo!

¡Ven a nuestras almas!
¡Ven no tardes tanto!

¡Ven que ya María
previene sus brazos
do su Niño venga
en tiempo cercano!
¡Ven, que ya José
con anhelo sacro
se dispone a hacerse
de tu amor sagrario!

¡Ven a nuestras almas!
¡Ven no tardes tanto!

¡Del débil auxilio,
del doliente amparo,
consuelo del triste
luz del desterrado!
¡Vida de mi vida,
mi dueño adorado,
mi constante amigo,
mi divino hermano!

¡Ven a nuestras almas!
¡Ven no tardes tanto!

¡Véante mis ojos
de Tí enamorados
bese ya tus plantas
bese ya tus manos!
Prosternado en tierra
te tiendo los brazos
y aún más que mis frases
te dice mi llanto

¡Ven a nuestras almas!
¡Ven no tardes tanto!

Ven, Salvador nuestro
por quien suspiramos

¡Ven a nuestras almas!
¡Ven no tardes tanto!

Oración al Niño Jesús

Acordaos ¡Oh dulcísimo Niño Jesús!, que dijisteis a la venerable Margarita del Santísimo Sacramento y en persona suya a todos vuestros devotos, estas palabras tan consoladoras para nuestra pobre humanidad agobiada y doliente: *Todo lo que quieras pedir, pídelo por los méritos de mi infancia y nada te será negado.*

Llenos de confianza en vos ¡Oh Jesús!, que sois la misma verdad, venimos a expresar toda nuestra miseria. Ayúdanos a llevar una vida santa para conseguir una eternidad bienaventurada.

Concédenos, por los méritos infinitos de vuestra encarnación y de vuestra infancia, la gracia de la cual necesitamos tanto.

Nos entregamos a vos ¡Oh Niño Omnipotente!, seguros de que no quedará frustrada nuestra esperanza y de que en virtud de vuestra divina providencia, acogeréis y despacharéis favorablemente nuestra súplica.

Amén

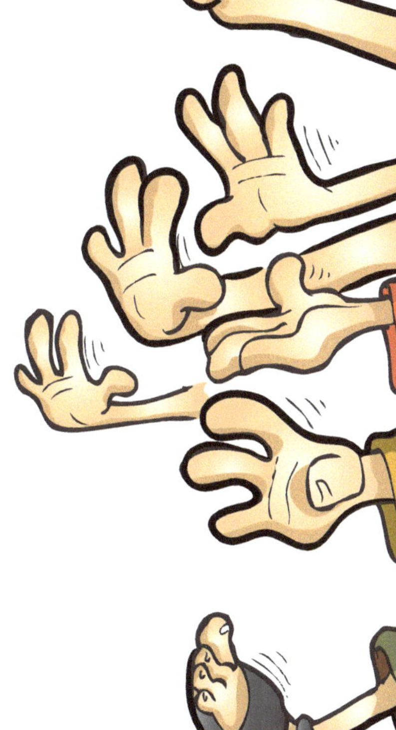

Consideración para el día segundo
(Dic. 17)

El Verbo Eterno se halla a punto de tomar su naturaleza creada en la santa Casa de Nazaret en donde moraban María y José. Cuando la sombra del secreto divino vino a deslizarse sobre ella, María estaba sola ensimismada en la oración. Pasaba las silenciosas horas de la noche en la unión más estrecha con Dios mientras oraba, el Verbo tomó posesión de su morada creada.

Sin embargo, no llegó inopinadamente. Antes de presentarse envió un mensajero, que fue el Arcángel San Gabriel, para pedir a María de parte de Dios su consentimiento para la encarnación. El Creador no quiso efectuar este gran misterio sin la aquiescencia de su criatura.

Aquel momento fue muy solemne. Era potestativo de María el rehusar... ¡Con qué adorables delicias. Con qué inefables complacencias aguardaría la Santísima Trinidad que María abriese los labios y pronunciase el milagro que debió ser suave melodía para sus oídos, y con el cual se conformaba su profunda humildad a la omnipotente voluntad divina!

La Virgen Inmaculada ha dado su asentimiento. El Arcángel ha desaparecido, Dios se ha revestido de una naturaleza creada. La voluntad eterna está cumplida y la creación completa. El Verbo se ha hecho carne, y aunque todavía invisible para el mundo, habita ya entre los hombres que su inmenso amor ha venido a rescatar.

Lo demás como el día primero.

Consideración para el día tercero
(Dic. 18)

Así había comenzado su vida encarnada el Niño Jesús. Consideremos el alma gloriosa y el Santo Cuerpo que había tomado, adorándolos profundamente. Admirando en primer lugar el alma de ese Divino Niño, consideremos en ella la plenitud de su ciencia beatífica, por la cual desde el primer momento de su vida vio la divina esencia más claramente que todos los ángeles y leyó lo pasado y lo por venir con todos sus arcanos y conocimientos.

Del alma del Niño Jesús pasamos ahora a su cuerpo, que era un mundo de maravillas, una obra maestra de la mano de Dios. Quiso que fuese pequeño y débil como el de todos los niños, y sujeto a todas las incomodidades de la infancia, para semejarse más a nosotros y participar de nuestras humillaciones.

La belleza de este cuerpo de Divino Niño fue superior a cuanto se ha imaginado jamás, y la divina sangre que por sus venas comenzó a circular desde el momento de su Encarnación, es la que lavó todas las manchas del mundo culpable. Pidámosle que lave las nuestras en el sacramento de la penitencia para que el día de su dichosa Navidad nos encuentre purificados, perdonados y dispuestos a recibirle con amor y provecho espiritual.

Lo demás como el día primero.

Consideración para el día cuarto
(Dic. 19)

Desde el seno de su Madre comenzó el Niño Jesús a poner en práctica su eterna sumisión a Dios, que continuó sin la menor interrupción durante toda su vida. Adoraba a su Eterno Padre, le amaba, se sometía a su voluntad; aceptaba con resignación toda su debilidad, toda su humillación, todas sus incomodidades.

¿Quién de nosotros quisiera retroceder a un estado semejante con el pleno goce de la razón y de la reflexión? Por ahí entró el Divino Niño en su dolorosa y humillante carrera; así empezó a anonadarse delante de su Padre; a enseñarnos lo que Dios merece por parte de su criatura; a expiar nuestro orgullo, origen de todos nuestros pecados.

¿Deseamos hacer una verdadera oración? Empecemos por formarnos de ella una exacta idea, contemplado al Niño en el seno de su Madre. El Divino Niño ora y ora del modo más excelente. No habla, no medita, ni se deshace en tiernos afectos. Su mismo estado, lo acepta con la intención de honrar a Dios, en su oración y en ese estado expresa altamente todo lo que Dios merece, y de qué modo quiere ser adorado por nosotros.

Unámonos a las adoraciones del Niño Dios en el seno de María; unámonos a su profundo abatimiento, y sea éste el primer efecto de nuestro sacrificio a Dios. Desaparezcamos a nuestros propios ojos, y que Dios sea todo para nosotros.

Lo demás como el día primero.

Consideración para el día quinto
(Dic. 20)

Ya hemos visto la vida que llevaba el Niño Jesús en el seno de su purísima Madre; veamos hoy la vida que lleva también María durante el mismo espacio de tiempo. María no cesaba de aspirar el momento en que gozaría de esa visión beatífica terrestre, la faz de Dios encarnado.

Estaba a punto de ver aquella faz humana que debía iluminar el cielo durante toda la eternidad. Iba a leer el amor filial en aquellos mismos ojos cuyos rayos debería esparcir para siempre la felicidad en millones de elegidos. Iba a verle en la ignorancia aparente de la infancia, en los encantos particulares de la juventud y en la serenidad reflexiva de la edad madura.

¡Tal era la vida de expectativa de María! Era inaudita en sí misma, más no por eso dejaba de ser el tipo magnífico de toda vida cristiana. No nos contentemos con admirar a Jesús residiendo en María, sino pensemos que en nosotros también reside por esencia, potencia y presencia.

Lo demás como el día primero.

Consideración para el día sexto
(Dic. 21)

Jesús había sido concebido en Nazaret, domicilio de José y María, y allí era de creerse que había de ser, según todas las posibilidades. Mas Dios lo tenía dispuesto de otra manera y los profetas habían anunciado que el Mesías nacería en Belén de Judá, ciudad de David.

Para que se cumpliese esta predicción, Dios se sirvió de un medio que no parecía tener ninguna relación con este objeto, a saber: la orden dada por el emperador Augusto de que todos los súbditos del imperio romano se empadronaran en el lugar de donde eran originarios, María y José como descendientes que eran de David, estaban obligados a ir a Belén.

No ignoraba Jesús en qué lugar debía nacer, y así inspira a sus padres a que se entreguen a la Providencia, y que de esta manera concurran a la ejecución de sus designios. Almas interiores, observad este manejo del Divino Niño, porque es el más importante de la vida espiritual; aprended que el que se haya entregado a Dios ya no ha de pertenecer a sí mismo, ni ha de querer sino lo que Dios quiera para él.

Lo demás como el día primero.

Consideración para el día séptimo
(Dic. 22)

Representémonos el viaje de María y José hacia Belén, llevando consigo, aún no nacido, al Creador del universo hecho hombre. Contemplemos la humildad y la obediencia de ese Divino Niño, que aunque de raza judía y habiendo amado durante siglos a su pueblo, con una predilección inexplicable obedece así a un príncipe extranjero que forma el censo de población de su provincia, como si hubiese para él en esa circunstancia algo que le halagase, y quisiera apresurarse a empadronar oficial y auténticamente como súbdito en el momento en que venía al mundo.

El anhelo de José, la expectativa de María, son cosas que no puede expresar el lenguaje humano. El Padre Eterno se halla, si nos es lícito emplear esta expresión, adorablemente impaciente por dar a su Hijo único al mundo y verle ocupar su puesto entre las criaturas visibles. El Espíritu Santo arde en deseos de presentar a la luz del día esa santa humanidad, que Él mismo ha formado con divino esmero.

Lo demás como el día primero.

Consideración para el día octavo
(Dic. 23)

Llegaban a Belén, José y María buscando hospedaje en los mesones, pero no encuentran, ya por hallarse todos ocupados, ya porque se les desecha a causa de su pobreza. Empero, nada puede turbar la paz interior de los que están fijos en Dios.

Si José experimentaba tristeza cuando era rechazado de casa en casa, porque pensaba en María y en el Niño, sonreíase también con santa tranquilidad cuando fijaba la mirada en su casta esposa. El ruido de cada puerta que se cerraba ante ellos era una dulce melodía para sus oídos. Eso era lo que había venido a buscar. El deseo de esas humillaciones era lo que había contribuido a hacerle tomar la forma humana.

¡Oh Divino Niño de Belén! Este día que tantos han pasado en fiestas y diversiones o descansando muellemente en cómodas y ricas mansiones, ha sido para vuestros padres un día de fatiga y vejaciones de toda clase. ¡Ay!, el espíritu de Belén es el de un mundo que ha olvidado a Dios. ¡Cuántas veces no ha sido también el nuestro!

Póngase el sol el 24 de diciembre detrás de los tejados de Belén y sus últimos rayos doren la cima de las rocas escarpadas que lo rodean. Hombres groseros codean rudamente al Señor en las calles de aquella aldea oriental, y cierran sus puertas al ver a su Madre. La bóveda de los cielos aparece purpurina por encima de aquellas colinas frecuentadas por los pastores. Las estrellas van apareciendo unas tras otras. Algunas horas más y aparecerá el Verbo Eterno.

Lo demás como el día primero.

Consideración para el día noveno
(Dic. 24)

La noche ha cerrado del todo en las campiñas de Belén. Desechados por los hombres y viéndose sin abrigo, María y José han salido de la inhospitalaria población y se han refugiado en una gruta que se encontraba al pie de la colina.

Seguía a la Reina de los Ángeles el jumento que le había servido de humilde cabalgadura durante el viaje, y en aquella cueva hallaron un manso buey. El Divino Niño, desconocido por sus criaturas racionales, va a tener que acudir a las irracionales para que calienten con su tibio aliento la atmósfera helada de esa noche de invierno y le manifiesten con esto y con su humilde actitud el respeto y adoración que le había negado Belén.

Pero ha llegado la media noche, y de repente vemos dentro de ese pesebre, poco antes vacío, al Divino Niño esperado, vaticinado, deseado durante cuatro mil años con tan inefables anhe-

los. A sus pies se postra su Santísima Madre en los transportes de una adoración de la cual nada puede dar idea. José también se le acerca y le rinde homenaje, con el que augura su misterioso e imponderable oficio de ser padre putativo del Redentor de los hombres.

La multitud de ángeles que desciende del cielo a contemplar esa maravilla sin par, hace vibrar en los aires las armonías de esa Gloria in Excelsis que es el eco de la adoración que se produce en torno del trono del Altísimo, hecha perceptible por un instante a los oídos de la pobre tierra. Convocados por ellos,

vienen en tropel los pastores de la comarca a adorar al recién nacido y presentarle sus humildes ofrendas.

Ya brilla en el oriente la misteriosa estrella de Jacob y ya se pone en marcha hacia Belén la caravana espléndida de los Reyes Magos, que dentro de pocos días vendrán a depositar a los pies del Divino Niño el oro, el incienso y la mirra, que son símbolos de la caridad, de la adoración y de la mortificación.

¡Oh adorable Niño! Nosotros también, los que hemos hecho esta novena para prepararos el día de Vuestra Natividad, queremos ofrecer nuestra pobre adoración: ¡no la rechacéis! Venid a nuestras almas, venid a nuestros corazones llenos de amor.

Encended en ellos la devoción a vuestra santa infancia, devoción que realmente practicada y celosamente propagada, nos conduzca a la vida eterna, librándonos del pecado y sembrando en nosotros todas las virtudes cristianas.

Lo demás como el día primero.

¡Feliz Navidad!

Villancicos

Noche De Paz

Noche de paz, noche de amor,
Todo duerme en derredor.
Entre sus astros que esparcen su luz
Bella anunciando al niñito Jesús
Brilla la estrella de paz
Brilla la estrella de paz

Noche de paz, noche de amor,
Todo duerme en derredor
Sólo velan en la oscuridad
Los pastores que en el campo están;
Y la estrella de Belén
Y la estrella de Belén

Noche de paz, noche de amor,
Todo duerme en derredor;
sobre el santo niño Jesús
Una estrella esparce su luz,
Brilla sobre el Rey
Brilla sobre el Rey.

Noche de paz, noche de amor,
Todo duerme en derredor
Fieles velando allí en Belén
Los pastores, la madre también.
Y la estrella de paz
Y la estrella de paz

La Primera Navidad

La primera Navidad un coro se oyó;
a humildes pastores el cielo cantó,
y un ángel les habló rodeado de luz,
anunciando la Natividad de Jesús.

Noel, Noel, Noel, Noel.
Hoy ha nacido el Rey de Israel.

La estrella de Belén a los magos guió;
en la noche silente en Judea brilló.
El pesebre encontraron siguiendo la luz
y le dieron presentes al niño Jesús.

Noel, Noel, Noel, Noel.
Hoy ha nacido el Rey de Israel.

Vamos Pastores

Vamos pastores, vamos,
Vamos a Belén,
A ver en aquel niño
La gloria del edén.

Ese precioso niño
Yo me muero por el
Sus ojitos me encantan ,
Su boquita también.

El padre lo acaricia
La madre mira en el,
Y los dos extasiados
Contemplan aquel ser (bis)

Yo pobre pastorcillo,
Al niño le diré,

No la buenaventura:
Eso no puede ser;

Le diré me perdone
Lo mucho que peque
Y en la mansión eterna
Un ladito me de (bis).

Navidad, Navidad

(Jingle Bells)

Navidad, Navidad, hoy es
Navidad.
Con campanas este día hay
que festejar
Navidad, Navidad, porque ya
nació
ayer noche, Nochebuena, el
niñito Dios.

Los Peces En El Rio

La Virgen se está peinando
Entre cortina y cortina
Los cabellos son de oro
Y el peine de plata fina

Pero mira como beben
los peces en el río
Pero mira como beben
por ver a Dios "nacío"
Beben y beben
y vuelven a beber,
Los peces en el río
por ver a Dios nacer.

La Virgen está lavando
Y tendiendo en el romero,
Los angelitos cantando,
Y el romero floreciendo.

La Virgen va caminando
Va caminando solita,
Y no lleva más compaña
Que el niño de la manita
S. José tenme a este niño
Mientras enciendo la candela
Y San José le responde
Quién lo parió que lo tenga.

La Virgen está lavando,
Con un poquito jabón,
Se le picaron las manos,
Manos de mi corazón.

46

El Tamborilero

El camino que baja a Belén
Baja hasta el valle que la nieve cubrió
Los pastorcitos quieren ver a su rey
Le traen regalos en su humilde zurrón
ro po pom pom,
ro po pom pom,
Ha nacido en un portal de Belén
El Niño Dios.

Yo quisiera poner a tus pies
Algún presente que te agrade Señor
mas tu ya sabes que soy pobre también
Y no poseo mas que un viejo tambor
ro po pom pom.
ro po pom pom
tocaré por ti una bella canción
en mi tambor.
El camino que lleva a Belén
yo voy marcando con mi viejo tambor
nada mejor hay que te pueda ofrecer
su ronco acento es un canto de amor
ro po pom pom
ro po pom pom
cuando Dios me vio tocando ante El se sonrió.

Anton-Tirurirurilu

Anton tirurirurilu
Anton tirurirula (bis)
Jesús al pesebre, Vamos adorar (bis)

Duérmete niño chiquito
que la noche viene ya
cierra pronto tus ojitos
que el viento te arrullara

Coro: Anton......

Duérmete niño chiquito
que tu madre velara
cierra pronto tus ojítos
porque la entristecerás

Coro: Anton...

Ya dormido en el regazo
de María, El Salvador,
va sonando dulcemente
música y cantos de amor
Coro: Anton ....

Tutaina

Tutaina tuturuma
Tutaina tuturumaina
Tutaina tuturuma, turuma
Tutaina tuturumaina.

Los pastores de Belén
Vienen a adorar el niño;
La Virgen y san José
Los reciben con cariño.

Tutaina tuturuma
Tutaina tuturumaina
Tutaina tuturuma, turuma
Tutaina tuturumaina.

Tres reyes vienen también
Con incienso, mirra y oro,
A ofrecer a Dios su bien
Como el mas grande tesoro.

Tutaina tuturuma
Tutaina tuturumaina
Tutaina tuturuma, turuma
Tutaina tuturumaina.

La Marimorena

Ande, ande, ande, la marimorena
ande, ande, ande que es la nochebuena.
En el portal de Belén hay estrellas, sol y luna
la Virgen y San José
y el Niño que está en la cuna.

Ande, ande, ande, la marimorena
ande, ande, ande que es la nochebuena.

Los pastores que supieron que el Niño quería fiesta,
hubo pastor que rompió tres pares de castañuelas.

Ande, ande, ande, la marimorena
ande, ande, ande que es la nochebuena.

A La Nanita Nana

A la nanita nana, nanita ea, nanita ea,
mi Jesús tiene sueño, bendito sea,
bendito sea.

Fuentecilla que corres clara y sonora
ruiseñor en la selva cantando lloras
callad mientras la cuna se balancea
a la nanita nana, nanita ea.

A la nanita nana, nanita ea, nanita ea,
mi Jesús tiene sueño, bendito sea,
bendito sea.

Manojito de rosas y de alelíes
¿qué es lo que estás soñando que te sonríes?
Cuáles son tus sueños, dilo alma mía, mas
¿qué es lo que murmuras? Eucaristía.

A la nanita nana, nanita ea, nanita ea,
mi Jesús tiene sueño, bendito sea,
bendito sea.

Pajaritos y fuentes, auras y brisas
respetad ese sueño y esas sonrisas
callad mientras la cuna se balancea
que el Niño está soñando, bendito sea.

A la nanita nana, nanita ea, nanita ea,
mi Jesús tiene sueño, bendito sea,
bendito sea.

Campana Sobre Campana

Campana sobre campana
y sobre campana una
asómate a la ventana
verás a un niño en la cuna

Belén, campanas de Belén
que los ángeles tocan
que nueva nos traen,
Belén, campanas de Belén
que los ángeles cantan
que nueva nos traen.

Campana sobre campana
y sobre campana dos
asómate a la ventana
verás al Niño Dios.

Belén, campanas de Belén
que los ángeles tocan
que nueva nos traen,
Belén, campanas de Belén
que los ángeles cantan
que nueva nos traen.

Campana sobre campana
y sobre campana tres
en una cuna a esta hora
el Niño va a nacer.

Recogido su rebaño
a donde vas pastorcito
voy a llevar al portal
requesón, manteca y vino.

Belén, campanas de Belén
....

A Belén, Pastorcitos

A Belén , pastorcitos.
A ver al Rey de los Reyes.
Ese Niño divino que ha nacido en un pesebre.
Es tan precioso, tan lindo y tan bello
y tan hermoso como un lucero.
Como a todos los niños les gusta sentir panderos,
yo salí, compré uno, vine corriendo a traerlo.

Es tan precioso, tan lindo y tan bello
y tan hermoso como un lucero.

A Belén , pastorcitos.
A ver al Rey de los Reyes.
Ese niño divino que ha nacido en un pesebre.
Es tan precioso, tan lindo y tan bello
y tan hermoso como un lucero.
Como a todos los niños les gusta sentir panderos,
yo salí, compré uno, vine corriendo a traerlo.

Es tan precioso, tan lindo y tan bello
y tan hermoso como un lucero.

Los Doce Días De Navidad

El primer día de Navidad,
mi amor me mandó
una perdiz picando
peras del peral.

El segundo día de Navidad,
mi amor me mandó
dos tortolitas
y una perdiz picando
peras del peral.

El tercer día de Navidad,
mi amor me mandó
tres gallinitas,
dos tortolitas
y una perdiz picando
peras del peral.

El cuarto día de Navidad,
mi amor me mandó
cuatro pajaritos,
tres gallinitas,
dos tortolitas
y una perdiz picando
peras del peral.

El quinto día de Navidad,
mi amor me mandó
cinco anillos dorados,
cuatro pajaritos,
tres gallinitas,
dos tortolitas y
una perdiz picando
peras del peral.

El sexto día de Navidad,
mi amor me mandó
seis mamá gansas,
cinco anillos dorados,
cuatro pajaritos,
tres gallinitas,
dos tortolitas
y una perdiz picando
peras del peral.

El séptimo día de Navidad,
mi amor me mandó
siete cisnitos,
seis mamá gansas,
cinco anillos dorados,
cuatro pajaritos,
tres gallinitas,
dos tortolitas
y una perdiz picando
peras del peral.

El octavo día de Navidad,
mi amor me mandó
ocho lecheritas,
siete cisnitos,
seis mamá gansas,
cinco anillos dorados,
cuatro pajaritos,
tres gallinitas,

dos tortolitas
y una perdiz picando
peras del peral.

El noveno día de Navidad,
mi amor me mandó
nueve bailarinas,
ocho lecheritas,
siete cisnitos,
seis mamá gansas,
cinco anillos dorados,
cuatro pajaritos,
tres gallinitas,
dos tortolitas
y una perdiz picando
peras del peral.

El décimo día de Navidad,
mi amor me mandó
diez señores saltando,
nueve bailarinas,
ocho lecheritas,
siete cisnitos,
seis mamá gansas,
cinco anillos dorados,
cuatro pajaritos,
tres gallinitas,
dos tortolitas
y una perdiz picando
peras del peral.

El undécimo día de Navidad,
mi amor me mandó
once gaiteritos,
diez señores saltando,
nueve bailarinas,
ocho lecheritas,
siete cisnitos,
seis mamá gansas,
cinco anillos dorados,
cuatro pajaritos,
tres gallinitas,
dos tortolitas
y una perdiz picando
peras del peral.

El duodécimo día de Navidad,
mi amor me mandó
doce tamborileros,
once gaiteritos,
diez señores saltando,
nueve bailarinas,
ocho lecheritas,
siete cisnitos,
seis mamá gansas,
cinco anillos dorados,
cuatro pajaritos,
tres gallinitas,
dos tortolitas
y una perdiz picando
peras del peral.

Christmas Carols

The 12 Days of Christmas

On the first day of Christmas,
my true love sent to me
A partridge in a pear tree.

On the second day of
Christmas,
my true love sent to me
Two turtle doves,
And a partridge in a pear tree.

On the third day of Christmas,
my true love sent to me
Three French hens,
Two turtle doves,
And a partridge in a pear tree.

On the fourth day of
Christmas,
my true love sent to me
Four calling birds,
Three French hens,
Two turtle doves,
And a partridge in a pear tree.

On the fifth day of Christmas,
my true love sent to me
Five golden rings,
Four calling birds,
Three French hens,
Two turtle doves,

And a partridge in a pear tree.

On the sixth day of Christmas,
my true love sent to me
Six geese a-laying,
Five golden rings,
Four calling birds,
Three French hens,
Two turtle doves,
And a partridge in a pear tree.

On the seventh day of
Christmas,
my true love sent to me
Seven swans a-swimming,
Six geese a-laying,
Five golden rings,
Four calling birds,
Three French hens,
Two turtle doves,
And a partridge in a pear tree.

On the eighth day of
Christmas,
my true love sent to me
Eight maids a-milking,
Seven swans a-swimming,
Six geese a-laying,
Five golden rings,
Four calling birds,
Three French hens,
Two turtle doves,
And a partridge in a pear tree.

On the ninth day of Christmas,
my true love sent to me
Nine ladies dancing,
Eight maids a-milking,
Seven swans a-swimming,
Six geese a-laying,
Five golden rings,
Four calling birds,
Three French hens,
Two turtle doves,
And a partridge in a pear tree.

On the tenth day of Christmas,
my true love sent to me
Ten lords a-leaping,
Nine ladies dancing,
Eight maids a-milking,
Seven swans a-swimming,
Six geese a-laying,
Five golden rings,
Four calling birds,
Three French hens,
Two turtle doves,
And a partridge in a pear tree.
On the eleventh day of
Christmas,
my true love sent to me

Eleven pipers piping,
Ten lords a-leaping,
Nine ladies dancing,
Eight maids a-milking,
Seven swans a-swimming,
Six geese a-laying,
Five golden rings,
Four calling birds,
Three French hens,
Two turtle doves,
And a partridge in a pear tree.

On the twelfth day of
Christmas,
my true love sent to me
Twelve drummers drumming,
Eleven pipers piping,
Ten lords a-leaping,
Nine ladies dancing,
Eight maids a-milking,
Seven swans a-swimming,
Six geese a-laying,
Five golden rings,
Four calling birds,
Three French hens,
Two turtle doves,
And a partridge in a pear tree!

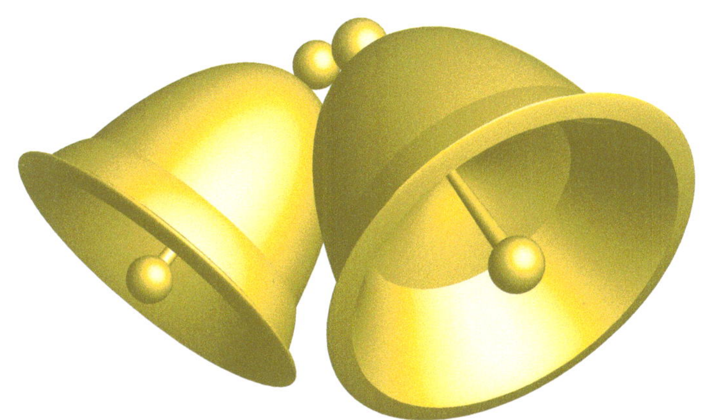

Jingle Bells

Dashing through the snow
In a one-horse open sleigh
Through the fields we go
Laughing all the way.
Bells on bob-tail ring
Making spirits bright
What fun it is to ride and sing
A sleighing song tonight.

Jingle bells, jingle bells
Jingle all the way,
Oh what fun it is to ride
In a one-horse open sleigh, O
Jingle bells, jingle bells
Jingle all the way,
Oh what fun it is to ride
In a one-horse open sleigh.

A day or two ago
I thought I'd take a ride
And soon Miss Fanny Bright

Was seated by my side;
The horse was lean and lank
Misfortune seemed his lot,
We ran into a drifted bank
And there we got upsot.

Jingle bells, jingle bells
Jingle all the way,
Oh what fun it is to ride
In a one-horse open sleigh, O
Jingle bells, jingle bells
Jingle all the way,
Oh what fun it is to ride
In a one-horse open sleigh.

A day or two ago
The story I must tell
I went out on the snow
And on my back I fell;
A gent was riding by
In a one-horse open sleigh
He laughed at me as
I there sprawling laid
But quickly drove away.

Jingle bells, jingle bells
Jingle all the way,
Oh what fun it is to ride
In a one-horse open sleigh, O
Jingle bells, jingle bells
Jingle all the way,
Oh what fun it is to ride
In a one-horse open sleigh.

Now the ground is white,
Go it while you're young,
Take the girls along
And sing this sleighing song.

Just bet a bob-tailed bay,
Two-forty as his speed,
Hitch him to an open sleigh
and crack! You'll take the
lead.

Jingle bells, jingle bells
Jingle all the way,
Oh what fun it is to ride
In a one-horse open sleigh, O
Jingle bells, jingle bells
Jingle all the way,
Oh what fun it is to ride
In a one-horse open sleigh.

Silent Night

Silent night, Holy night
All is calm, all is bright
Round yon Virgin Mother and Child
Holy Infant so tender and mild
Sleep in Heavenly peace
Sleep in Heavenly peace

Silent night, Holy night
Shepherds quake at the sight
Glories stream from Heaven afar
Heavenly hosts sing Hallelujah
Christ, the Savior is born
Christ, the Savior is born

Silent night, Holy night
Son of God, love's pure light
Radiant beams from thy Holy face
With the dawn of redeeming grace
Jesus, Lord, at thy birth
Jesus, Lord, at thy birth

We Wish You A Merry Christmas

We wish you a Merry Christmas;
We wish you a Merry Christmas;
We wish you a Merry Christmas and a Happy New Year.
Good tidings we bring to you and your kin;
Good tidings for Christmas and a Happy New Year.
Oh, bring us a figgy pudding;
Oh, bring us a figgy pudding;

Oh, bring us a figgy pudding and a cup of good cheer
We won't go until we get some;
We won't go until we get some;
We won't go until we get some, so bring some out here

We wish you a Merry Christmas;
We wish you a Merry Christmas;
We wish you a Merry Christmas and a Happy New Year.

O Christmas Tree!

O Christmas Tree! O Christmas Tree!
Thy leaves are so unchanging;
O Christmas Tree! O Christmas Tree!
Thy leaves are so unchanging;
Not only green when summer's here,
But also when 'tis cold and drear.
O Christmas Tree! O Christmas Tree!
Thy leaves are so unchanging!

The First Noel

The First Noel, the Angels did say
Was to certain poor shepherds in fields as they lay
In fields where they lay keeping their sheep
On a cold winter's night that was so deep.

Noel, Noel, Noel, Noel
Born is the King of Israel!

They looked up and saw a star
Shining in the East beyond them far
And to the earth it gave great light
And so it continued both day and night.

Noel, Noel, Noel, Noel
Born is the King of Israel!

And by the light of that same star
Three Wise men came from country far
To seek for a King was their intent
And to follow the star wherever it went.

Noel, Noel, Noel, Noel
Born is the King of Israel!

This star drew nigh to the northwest
O'er Bethlehem it took its rest
And there it did both Pause and stay
Right o'er the place where Jesus lay.

Noel, Noel, Noel, Noel
Born is the King of Israel!

Then entered in those Wise men three
Full reverently upon their knee
And offered there in His presence
Their gold and myrrh and frankincense.

Noel, Noel, Noel, Noel
Born is the King of Israel!

Then let us all with one accord
Sing praises to our heavenly Lord
That hath made Heaven and earth of nought
And with his blood mankind has bought.

Noel, Noel, Noel, Noel
Born is the King of Israel!

Away in a Manger

Away in a manger, no crib for a bed,
The little Lord Jesus laid down his sweet head.
The stars in the bright sky looked down where he lay,
The little Lord Jesus asleep on the hay.

The cattle are lowing, the baby awakes,
But little Lord Jesus, no crying he makes.
I love thee, Lord Jesus! look down from the sky,
And stay by my cradle till morning is nigh.

Be near me, Lord Jesus; I ask thee to stay
Close by me forever, and love me I pray.
Bless all the dear children in thy tender care,
And take us to heaven to live with thee there.

Deck the Halls

Deck the hall with boughs of holly,
Fa, la, la, la, la, la, la, la, la!
'Tis the season to be jolly,
Fa, la, la, la, la, la, la, la, la!
Fill the meadcup, drain the barrel,
Fa, la, la, la, la, la, la, la!
Troul the ancient Christmas carol,
Fa, la, la, la, la, la, la, la!

See the flowing bowl before us,
Fa, la, la, la, la, la, la, la, la!
Strike the harp and join the chorus.
Fa, la, la, la, la, la, la, la, la!
Follow me in merry measure,
Fa, la, la, la, la, la, la, la!
While I sing of beauty's treasure,
Fa, la, la, la, la, la, la, la, la!

Fast away the old year passes,
Fa, la, la, la, la, la, la, la, la!
Hail the new, ye lads and lasses!
Fa, la, la, la, la, la, la, la, la!
Laughing, quaffing all together,
Fa, la, la, la, la, la, la, la!
Heedless of the wind and weather,
Fa, la, la, la, la, la, la, la, la!

Sergio J. Liévano

Economista de la Universidad de los Andes quien un buen día decidió dedicarse por entero a sus libros, tiras cómicas e ilustraciones. En la actualidad Sergio lleva siete libros publicados: ***Colombia a comedy of errors***, publicado en Colombia y uno de los libros mas vendidos sobre Colombia en Amazon, ***Hoi your Swiss german survival guide***, y ***Switzerland a cartoon survival guide***, entre otros. Varios de estos han estado en las listas de los libros más vendidos en Suiza.

Alfonso Sánchez B.

Ingeniero Civil de la Universidad Javeriana. Apasionado en el arte de la aviación, ha manejado proyectos de infraestructura aeronáutica en Colombia y Estados Unidos. Hoy en día y luego de dejar de lado también su carrera, Alfonso, además de ser un gomoso de la música y de la tecnología de vanguardia, dicta exitosamente conferencias en filosofía y fomento empresarial.

¡Feliz
Navidad!

www.ingramcontent.com/pod-product-compliance
Lightning Source LLC
LaVergne TN
LVHW052318210726
843527LV00028B/421